W0368013

Tête à clic !

Jenfèvre, Sulpice & Cazenove

Couleurs : David LUNVEN

BAMBOO ÉDITION

Un grand merci au général Jean-Philippe Ster
pour sa confiance et son aide précieuse.

Olivier Sulpice

Un habituel merci au colonel Philippe Guichard
qui nous supporte depuis le début… et c'est pas fini…

Les auteurs

www.bamboo.fr

© 2019 BAMBOO ÉDITION

290 route des Allogneraies
71850 CHARNAY-LÈS-MÂCON
Tél. 03 85 34 99 09 - Fax 03 85 34 47 55
Site Web : www.bamboo.fr
E-mail : bamboo@bamboo.fr

Tous droits de traduction, d'adaptation et de reproduction
strictement réservés pour tous pays...

PREMIÈRE ÉDITION
Dépôt légal : janvier 2019
ISBN 978-2-8189-6640-2

PEFC
PEFC/10-31-1800
PROMOUVOIR LA GESTION DURABLE DE LA FORÊT

La fabrication de cet album répond au processus de
développement durable engagé par Bamboo Édition.
Il a été imprimé sur du papier certifié PEFC.

Printed in France
Imprimé et relié en France par PPO Graphic, 91120 Palaiseau

Pour être alerté de la sortie du
prochain album, rendez-vous sur
www.bamboo.fr/alerte-nouveaute

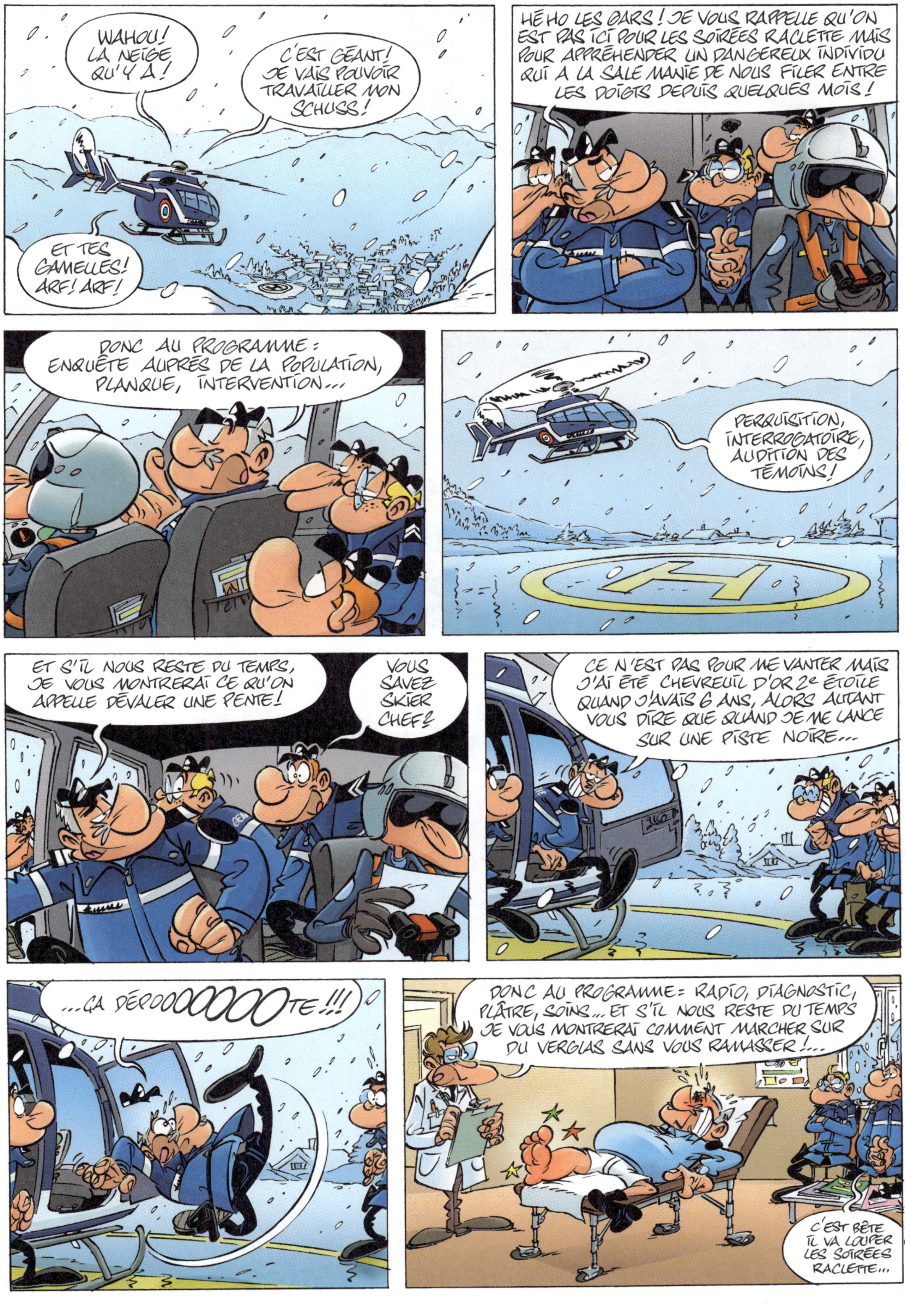
WAHOU! LA NEIGE QU'Y A!
C'EST GÉANT! JE VAIS POUVOIR TRAVAILLER MON SCHUSS!
ET TES GAMELLES! ARF! ARF!
HÉ HO LES GARS! JE VOUS RAPPELLE QU'ON EST PAS ICI POUR LES SOIRÉES RACLETTE MAIS POUR APPRÉHENDER UN DANGEREUX INDIVIDU QUI A LA SALE MANIE DE NOUS FILER ENTRE LES DOIGTS DEPUIS QUELQUES MOIS!
DONC AU PROGRAMME : ENQUÊTE AUPRÈS DE LA POPULATION, PLANQUE, INTERVENTION...
PERQUISITION, INTERROGATOIRE, AUDITION DES TÉMOINS!
ET S'IL NOUS RESTE DU TEMPS, JE VOUS MONTRERAI CE QU'ON APPELLE DÉVALER UNE PENTE!
VOUS SAVEZ SKIER CHEF?
CE N'EST PAS POUR ME VANTER MAIS J'AI ÉTÉ CHEVREUIL D'OR 2e ÉTOILE QUAND J'AVAIS 6 ANS, ALORS AUTANT VOUS DIRE QUE QUAND JE ME LANCE SUR UNE PISTE NOIRE...
...ÇA DÉPOOOOOOOTE!!!
DONC AU PROGRAMME : RADIO, DIAGNOSTIC, PLÂTRE, SOINS... ET S'IL NOUS RESTE DU TEMPS JE VOUS MONTRERAI COMMENT MARCHER SUR DU VERGLAS SANS VOUS RAMASSER!...
C'EST BÊTE IL VA LOUPER LES SOIRÉES RACLETTE...

- Neige bien descendue ?

- Gouffre fort

- Au doigt et Aïe, eux !

- Le clic qui tue

PFOUUU... T'AS VU LE MONDE QU'Y A ? ON ARRIVERA JAMAIS À LE RATTRAPER...
C'EST VRAI QUE ÇA AVANCE PAS VITE DANS CETTE FILE...

VROOO
DILILILI
DILILILI
?
ALORS J.P. TU L'AS RATTRAPÉ ?
TOUJOURS PAS CHEF! FAUT DIRE ON EST PAS A' ARMES ÉGALES...
?
IL A UN SUPER ÉQUIPEMENT, LUI!

- Neige à modeler

- Dévaler de travers

AH BEN NON C'EST PAS LUI... Y RESSEMBLE PAS DU TOUT AU PORTRAIT-ROBOT QU'ON A FAIT...
C'EST À CAUSE DE LA PIPE QUE J'AI CRU QUE C'ÉTAIT LUI...

- Coup de boule

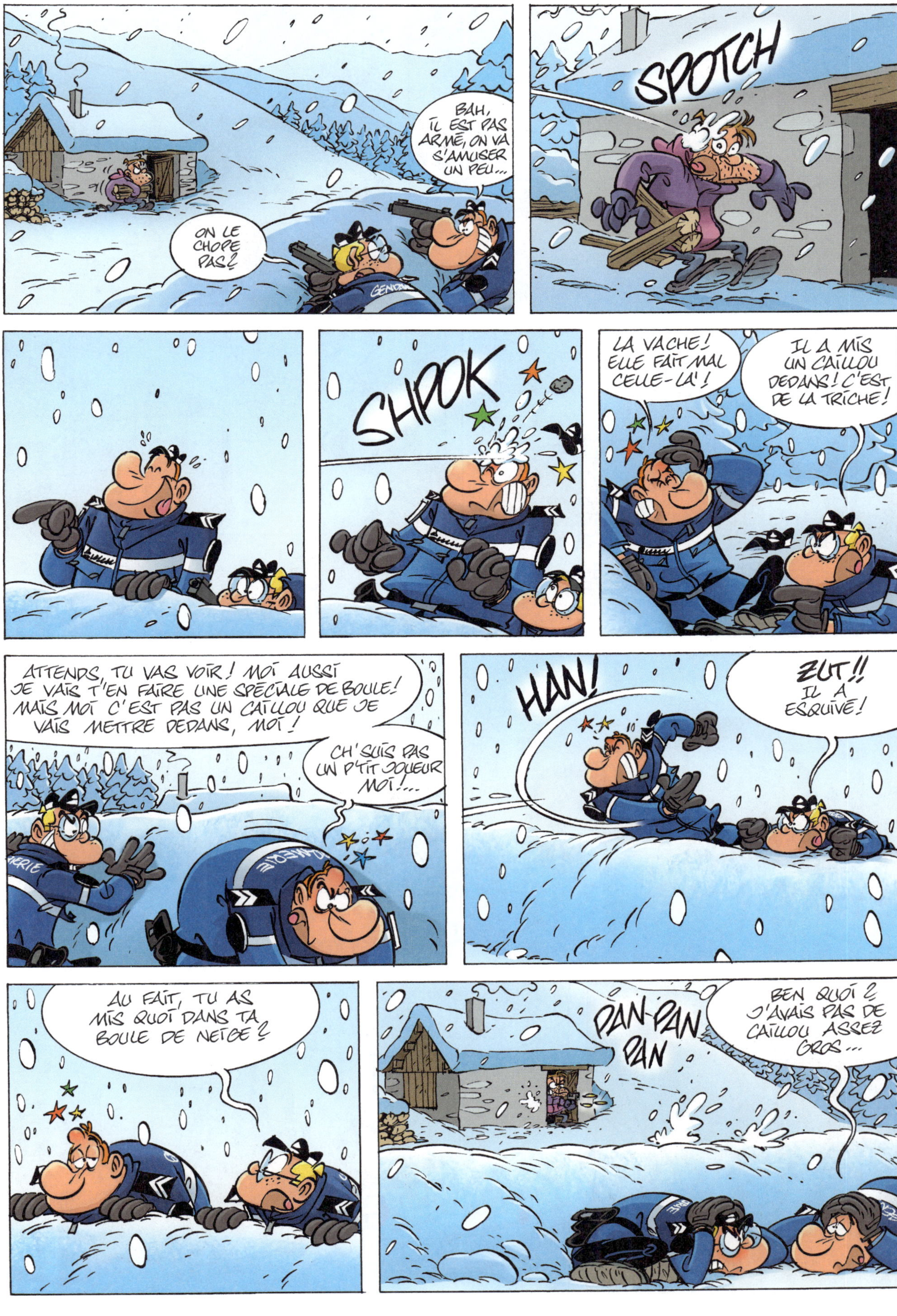

- Choc thermique

- Guère de succession

ALLEZ, TERMINE LA MÉDITATION, ON A DU BOULOT !
QUOI, ENCORE ?
MAIS ON ARRÊTE PAS...
GENDARMERIE
EN PLUS IL PLEUT... ET IL FAIT NUIT...
IL POURRAIT Y AVOIR UNE ATTAQUE DE MARTIENS QUE ÇA NE CHANGERAIT RIEN ! UN GENDARME ÇA BOSSE QUOI QU'IL ARRIVE !
NOUS SOMMES AU SERVICE DE LA POPULATION 24h/24, 7J/7 ! COMPRIS ?
5/5...
GENDARMERIE
CONTRÔLE ROUTE ICI ?
DIS, TU CROIS QUE ÇA M'AMUSE DE TE LAISSER LÀ ? MAIS JE SUIS CHEF ET J'AI DES RESPONSABILITÉS MOI !
UN CONTRÔLE RADAR A' UN ROND-POINT ? EN PLUS, IL NE PASSE JAMAIS PERSONNE A' CETTE HEURE-CI...
C'EST PAS DRÔLE POUR MOI NON PLUS MIRETTE !
PFFF... J'AIME PAS FAIRE LES CONTRÔLES D'ALCOOLÉMIE...
ÇA ME COÛTE A' MOI AUSSI, CROIS-LE BIEN...
GENDARMERIE
VROOOC
GENDARMERIE
AAAAAH... C'EST BON D'ÊTRE CHEF !...
22:09

- Contrôle bidon

ALORS LÀ JE VOUS ARRÊTE TOUT DE SUITE !!
?
Pour votre sécurité
Contrôles automatiques
EN TANT QUE PRÉSIDENT DE L'ASSOCIATION PFF (PAS FOUS DU FLASH), JE ME DOIS DE VOUS SIGNALER QUE L'EMPLACEMENT CHOISI POUR INSTALLER LE PANNEAU D'AVERTISSEMENT N'EST PAS DU TOUT CONFORME !
PFF
DE QUOI VOUS PARLEZ ?
LE PANNEAU DOIT ÊTRE VISIBLE DEPUIS LA ROUTE ! OR LÀ, IL EST DISSIMULÉ PAR LES BRANCHES DE CET ARBRE ! PAS TRÈS FAIR-PLAY TOUT ÇA !
FERPLE ?
QU'EST-CE QUE VOUS INSINUEZ ?
Pour votre sé
Contrôles automatiques
QUE C'EST ENCORE UN MOYEN POUR RACKETTER LES AUTOMOBILISTES ET BATTRE DES RECORDS DE CONTRAVENTIONS, PAR EXEMPLE...
TRÈS BIEN, PUISQUE VOUS AVEZ L'AIR DE CONNAÎTRE LE RÈGLEMENT SUR LE BOUT DES DOIGTS, VOUS N'AVEZ QU'À L'INSTALLER VOUS-MÊME, LE PANNEAU !
MAIS CHEF... VOUS... VOUS NE POUVEZ PAS...
ÇA ME VA !
SI C'EST LUI QUI L'INSTALLE, IL NE POURRA PLUS NOUS REPROCHER DE CHERCHER À RACKETTER QUI QUE CE SOIT ! IL NOUS EMBÊTERA PLUS AVEC SON ASSOCIATION DE CASSE-PIEDS...
AAAAAAH !
ET VOILÀ, TERMINÉ !
LÀ C'EST SÛR QU'ILS NOUS EMBÊTERONT PLUS...
Pour votre sécurité
Contrôles automatiques
PFF

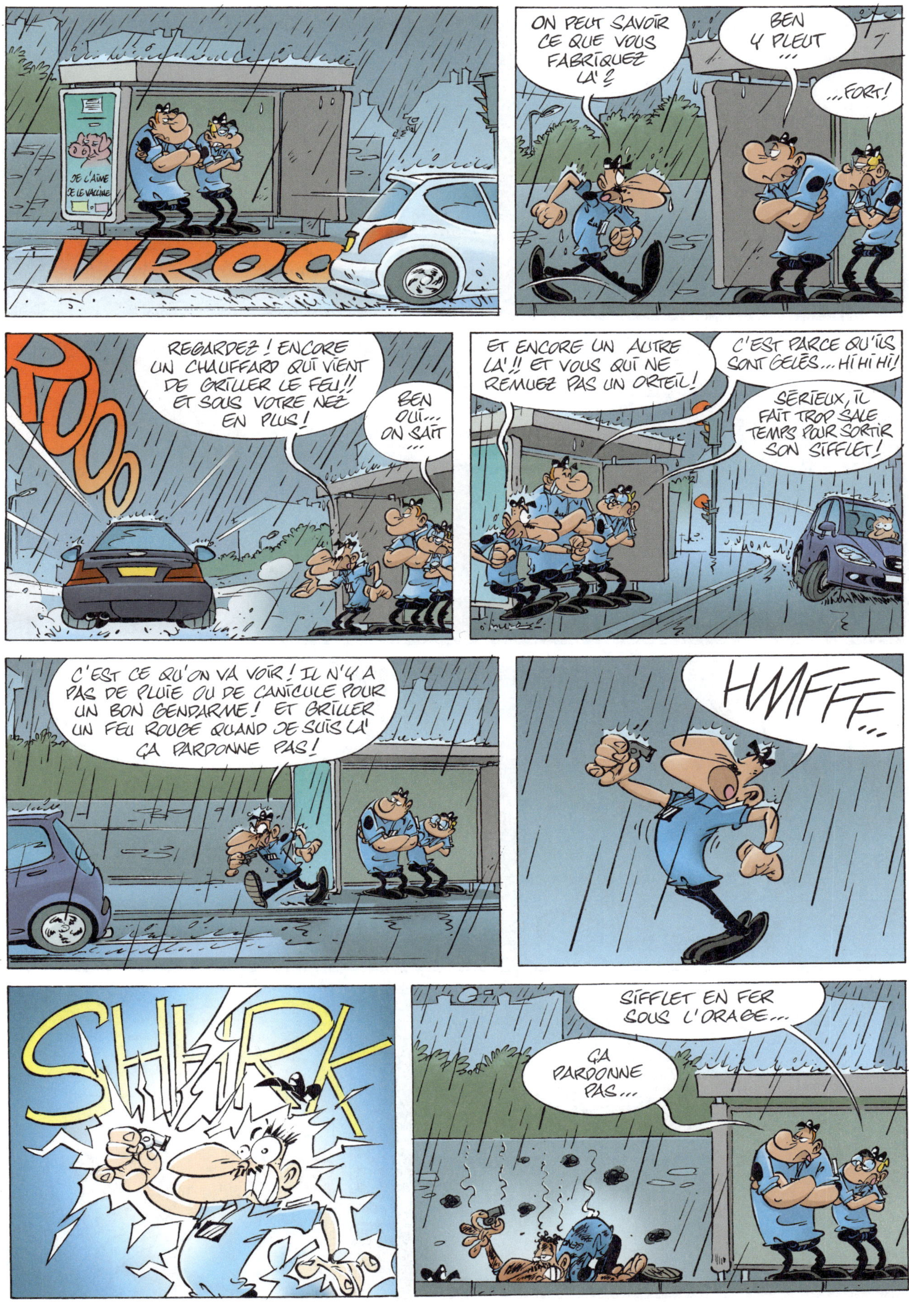
VROOC
ON PEUT SAVOIR CE QUE VOUS FABRIQUEZ LÀ ?
BEN Y PLEUT ...
...FORT !
JE L'AIME JE LE VACCINE
REGARDEZ ! ENCORE UN CHAUFFARD QUI VIENT DE GRILLER LE FEU !! ET SOUS VOTRE NEZ EN PLUS !
BEN OUI... ON SAIT ...
ROOOO
ET ENCORE UN AUTRE LÀ !! ET VOUS QUI NE REMUEZ PAS UN ORTEIL !
C'EST PARCE QU'ILS SONT GELÉS... HI HI HI !
SÉRIEUX, IL FAIT TROP SALE TEMPS POUR SORTIR SON SIFFLET !
C'EST CE QU'ON VA VOIR ! IL N'Y A PAS DE PLUIE OU DE CANICULE POUR UN BON GENDARME ! ET GRILLER UN FEU ROUGE QUAND JE SUIS LÀ ÇA PARDONNE PAS !
HMFFF...
SHHRK
SIFFLET EN FER SOUS L'ORAGE...
ÇA PARDONNE PAS...
OSKO

- Occase pipe

VOUS M'ARRÊTEZ LA CLIO ROUGE, PLAQUE 585 AWK 13! J'ARRIVE!
WOOO
VRÔÔ
VRÔÔÔ
HELLA!... C'EST POUR MOI ÇA? MAIS J'AI RIEN FAIT!...
MARRE DE ME FAIRE ALIGNER POUR RIEN! ALORS CE COUP-CI...
CLAC
!
!
VROO
OOVROO
AÏAÏAÏAÏE!!
OK, J'AI FAIT UN DÉLIT DE FUITE... MAIS C'EST VOUS QUI AVEZ COMMENCÉ EN ME COLLANT VOS MOTARDS AUX FESSES ALORS QUE J'AVAIS RIEN FAIT...
C'EST ÇA... C'EST ÇA...
C'EST VOTRE ANNONCE QUI M'INTÉRESSAIT! JE VOULAIS L'ACHETER POUR MA FILLE, MAIS LÀ, VU SON ÉTAT...
VENDS CLIO 1.5 DCI

CLIC
CLIC
CLIC
ÇA MARCHE PAS, MIRETTE !
JE SAIS CE QU'ON VA FAIRE ! PRENDS LES CLÉS DU FOURGON...
JE POURRAI CONDUIRE ?!
EN VOICI UN !
ZUT ! Y A DÉJÀ QUELQU'UN !
CLÉS MINUT
PHOTO
PHOTOS D'IDENTITÉ
NE SOURIEZ PAS !
GENDARMERIE NATIONALE ! NOUS RÉQUISITIONNONS CE PHOTOMATON !
FLASH !

LES PHOTOS SONT PAS MAL, MAIS LUI IL EST TOUJOURS PAREIL...
ON VA ESSAYER AUTRE CHOSE !
PRESSE
TIENS, ATTRAPE !
SUPER IDÉE !
ALLEZ, SOURIS !
LÀ, PAR ICI !
IMPEC, ENCORE UNE !
TOURNE-TOI ! VOIIIILÀ !
FLASH
FLASH
?
À QUOI VOUS JOUEZ LÀ ?!
ET FAUDRAIT PEUT-ÊTRE ME LES PAYER LES APPAREILS !
ÇA NE MARCHE PAS NON PLUS...
PFFF !... IL EST AUSSI VIF QU'UN PARCMÈTRE...
BON BEN, Y A PLUS QU'UNE CHOSE À FAIRE...
VENTE FLASH
VENTE FLASH
-20% VENTE FLASH
DITES DONC LÀ, VOUS CROYEZ PAS QU'IL SERAIT TEMPS D'ACCÉLÉRER LE MOUVEMENT ?
OUAIS ! ON VA DEVOIR ATTENDRE ENCORE LONGTEMPS ?
BEN... J'AI PAS ENCORE TROUVÉ LA PANNE... ET PIS J'AI PAS QUE VOUS COMME CLIENTS NON PLUS...
OUI MAIS EN ATTENDANT, L'ÉTAT DE NOTRE COLLÈGUE S'ARRANGE PAS !
IL EST VRAIMENT EN MANQUE !

- **Ni vu ni reconnu**

- **Faut le flair !**

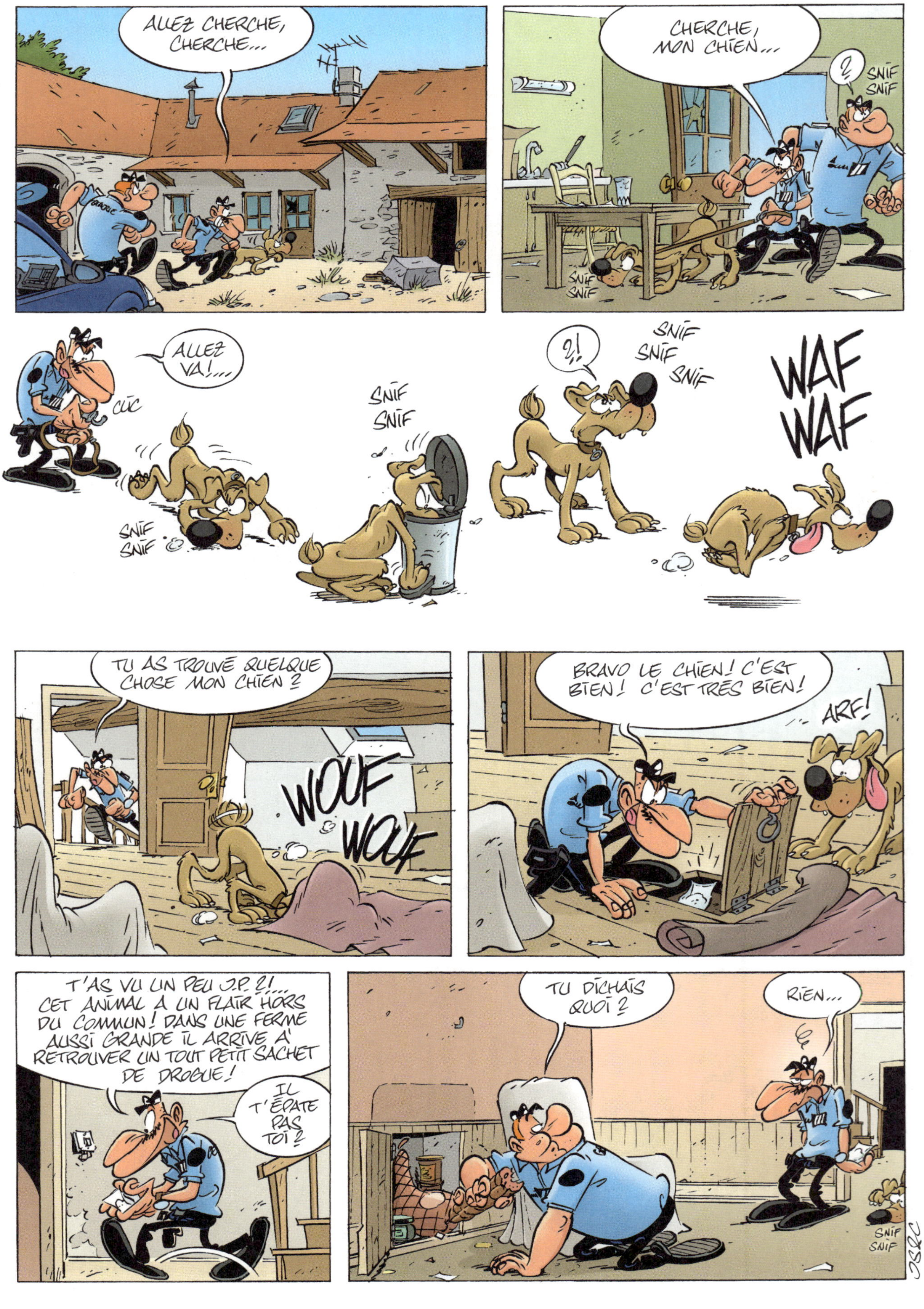

- Formule, hein ?

- Bzzzzgtt !

MON CHER RADAR AUTOMATIQUE N'ÉTANT TOUJOURS PAS RÉPARÉ, JE POUVAIS HEUREUSEMENT COMPTER SUR NOTRE MESTA 1000...
FLASH
FLASH
?
BZZZZGTT
BZGTT.
LETEIGNEUX ! Y A LE RADAR QUI A FAIT BZZZZGTT BZGTT ET PLUS RIEN !...
ET ENSUITE ?
EH BEN IL A FAIT BZZZZGTT BZGTT...
...ET PLUS RIEN !
C'EST QU'IL Y TIENT À SES PETITS RADARS, NOTRE LETEIGNEUX !

- Chien d'arrêt d'essai

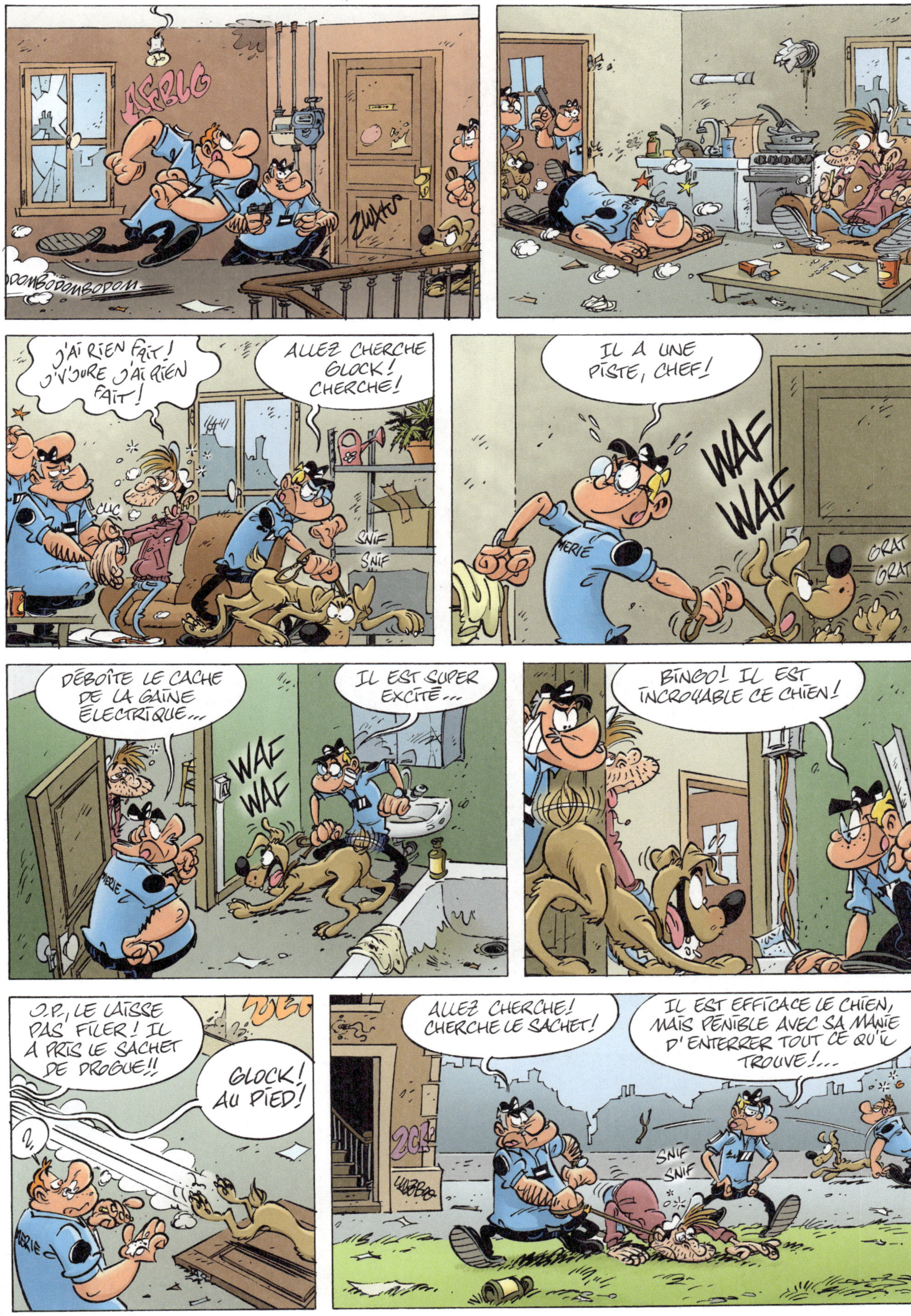

- Opération portes ouvertes

- On tire, à la chasse !

- Emplacement de choix

- Tasse manie

ET LE POT ? 'SERAIT PAS UN PEU TRAFIQUÉ ? MH ?
SNIF SNIF
PET PET
AU SECOURS ! À L'AIDE !!
JE ME PROMENAIS AVEC MON MARI DANS LA FORÊT ET IL S'EST BLOQUÉ LE DOS !... IL EST COUCHÉ PAR TERRE ! IL PEUT PLUS BOUGER ! ET JE SAIS PAS QUOI FAIIIIIRE...
ET PUIS JE ME SUIS PERDUE... JE NE SAIS MÊME PLUS COMMENT LE RETROUVER MAINTENANT...
NE VOUS INQUIÉTEZ PAS POUR ÇA, MADAME, AVEC NOTRE CHIEN, CE SERA UN JEU D'ENFANT !
IL FAUDRAIT LUI FAIRE RENIFLER QUELQUE CHOSE QUI APPARTIENT À VOTRE MARI !
BRÊÊÊT
C'EST MOI QUI AI SON PORTEFEUILLE... IL N'A PAS DE POCHES...
ÇA SERA PARFAIT... ALLEZ GLOCK, CHERCHE ! CHERCHE !
SNIF SNIF
VOUS PENSEZ QU'IL VA RETROUVER MON MARI ?
À COUP SÛR ! GLOCK A UN FLAIR EXCEPTIONNEL !
?
SNIF SNIF
DEPUIS QUE NOUS L'AVONS AVEC NOUS, IL N'A JAMAIS FAILLI !
IL N'A JAMAIS FAILLI QUOI ?
BON, PAR CONTRE, IL A UN LÉGER DÉFAUT... ET ON NE SAIT PAS OÙ IL A CHOPÉ CETTE MANIE...
?
WAF WAF
IL ENTERRE TOUT CE QU'IL TROUVE...
MFFFF MMMM...
PAF PAF PAF
JSRC

TOUT EST EN RÈGLE, POUVEZ Y ALLER... ET BON MARIAGE !
C'EST ANNULÉ !
?
GENDARM

- Arrivée bien négociée

NOUS SOMMES DEVANT LE SIÈGE DES CRÉDITS RICHEZ OÙ, DEPUIS CE MATIN, UN INDIVIDU RETIENT EN OTAGE UN GROUPE DE TRADERS...
CREDIT
VOUS ÊTES CERTAIN DE NE PAS VOULOIR QUE J'APPELLE LES TIREURS D'ÉLITE ?
POPOPOP' POUR QUOI FAIRE ? JE SUIS LÀ MOI, NON ?
CREDITS RICHEZ
LA BANQUE QUI TEND L'OREILLE
LES HISTOIRES DE CINGLÉS QUI PRENNENT DES TRADERS EN OTAGE ET MENACENT DE LES FLINGUER S'ILS N'ONT PAS UN HÉLICO ET 3 MILLIONS D'EUROS, C'ÉTAIT MON PAIN QUOTIDIEN PENDANT DES ANNÉES...
GENDARMERIE
MAINTENANT UN SIMPLE PISTOLET ME SUFFIT...
ÇA Y EST, JE LE VOIS CE SALOPARD !...
PAN
PAN
PAPANPAN
ET VOILÀ, C'EST RÉGLÉ !
CLIC
VOUS AVEZ BIEN FAIT DE VOUS RENDRE ! C'ÉTAIT LA SEULE ISSUE POUR VOUS...
J'AVAIS PAS LE CHOIX... VOUS AVEZ DESCENDU TOUS MES OTAGES...
QUI TEND L'OREI
KENTUCKY UK UNIVERSITY
OSBEC

LA FERRARI, LÀ-BAS, METS-TOI JUSTE DERRIÈRE...
QU'EST-CE QU'ELLE A FAIT ?
C'EST PLUTÔT CE QU'ELLE "VA" FAIRE...
QUAND ON EST AU VOLANT D'UN BOLIDE PAREIL, ON FINIT TOUJOURS PAR CRAQUER À UN MOMENT OU UN AUTRE ! ON APPUIE SUR LE CHAMPIGNON ET ON SE DIT QUE LA ROUTE EST À NOUS !...
AH OUAIS ? ON SE DIT ÇA ?
TIENS-TOI PRÊT ! Y A UNE LIGNE DROITE... PERSONNE EN FACE...
ÇA FAIT QUAND MÊME 1 HEURE QU'ON LA PISTE, TA FERRARI, ET ELLE N'A TOUJOURS PAS DÉPASSÉ LE 80 EN DESCENTE...
ON VA ATTENDRE ENCORE UN PEU...
TU VAS VOIR QU'IL FINIRA PAR CRAQUER...
C'EST AUTOMATIQUE ...
YOKOHA
FACOM
JBRC

- Radar embarqué

- Méprise d'otages

MAIS... C'EST PAS DES VRAIS !!...
COMMENT ÇA PAS DES VRAIS ? LES MEILLEURS MANNEQUINS DU PAYS !!!
ET ALLEZ... TOUJOURS LES MÊMES POUR LA CORVÉE...

- Photo à mateur

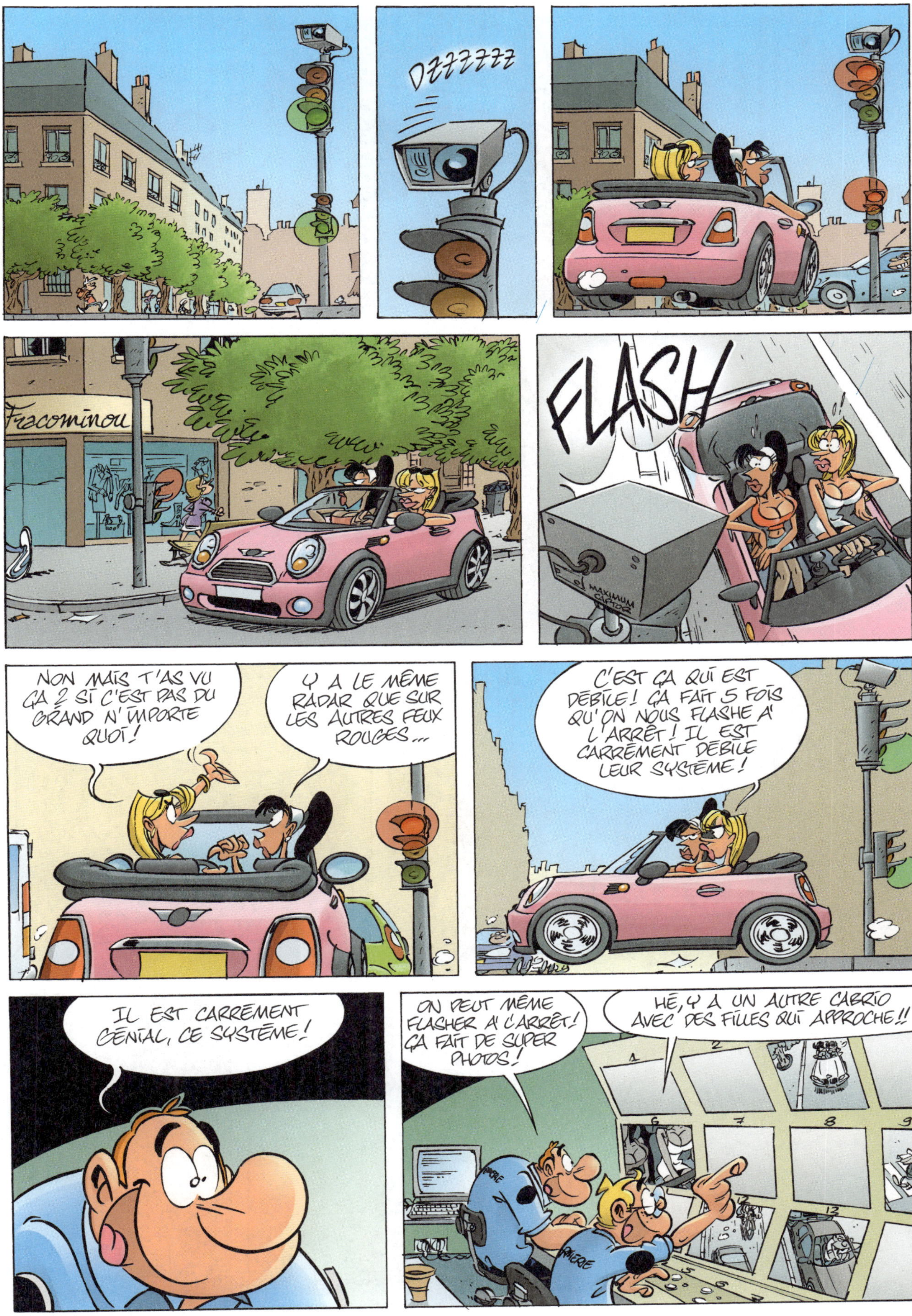

- Un peu de tenue !

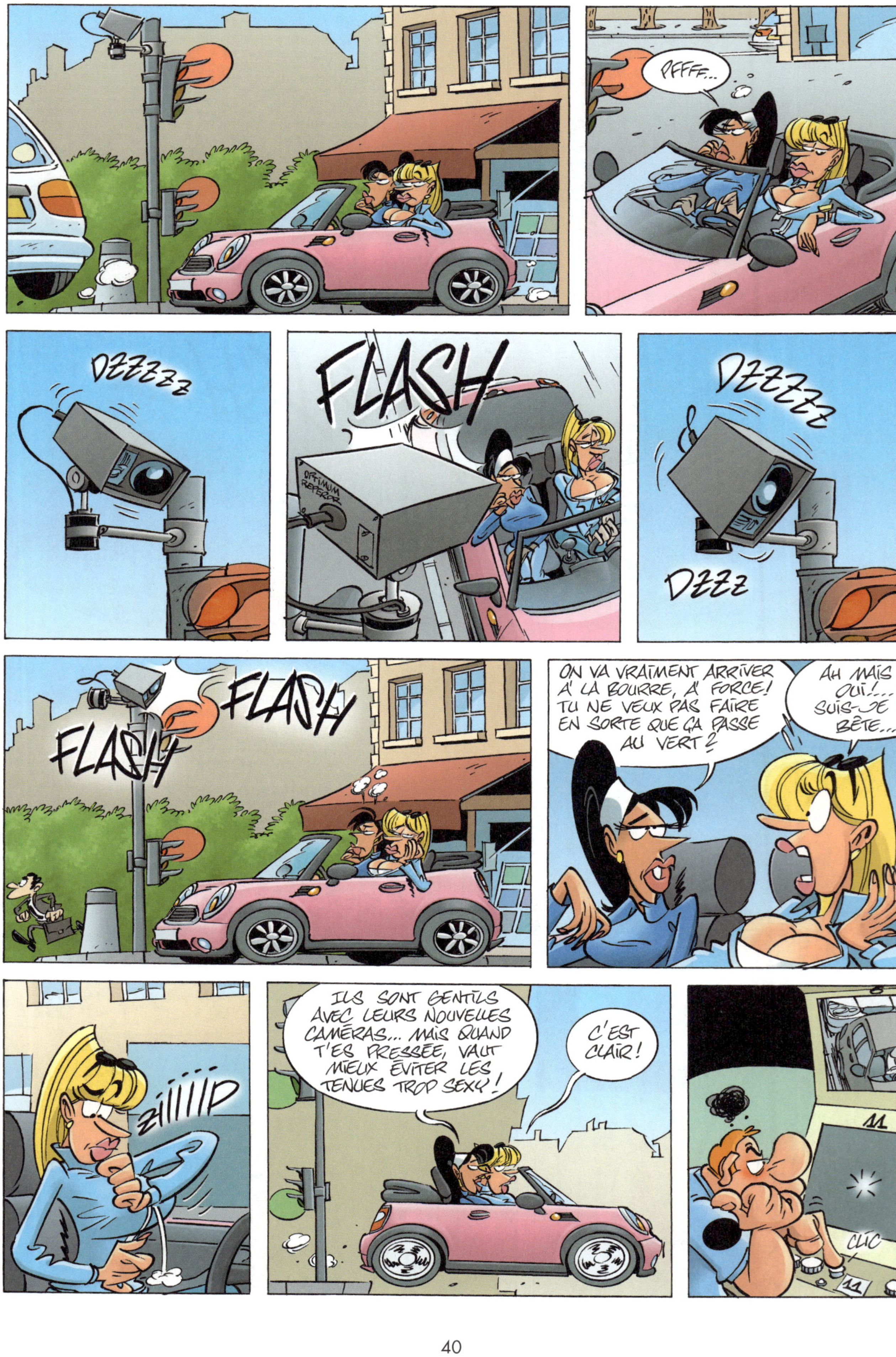

- Poulets mouillés

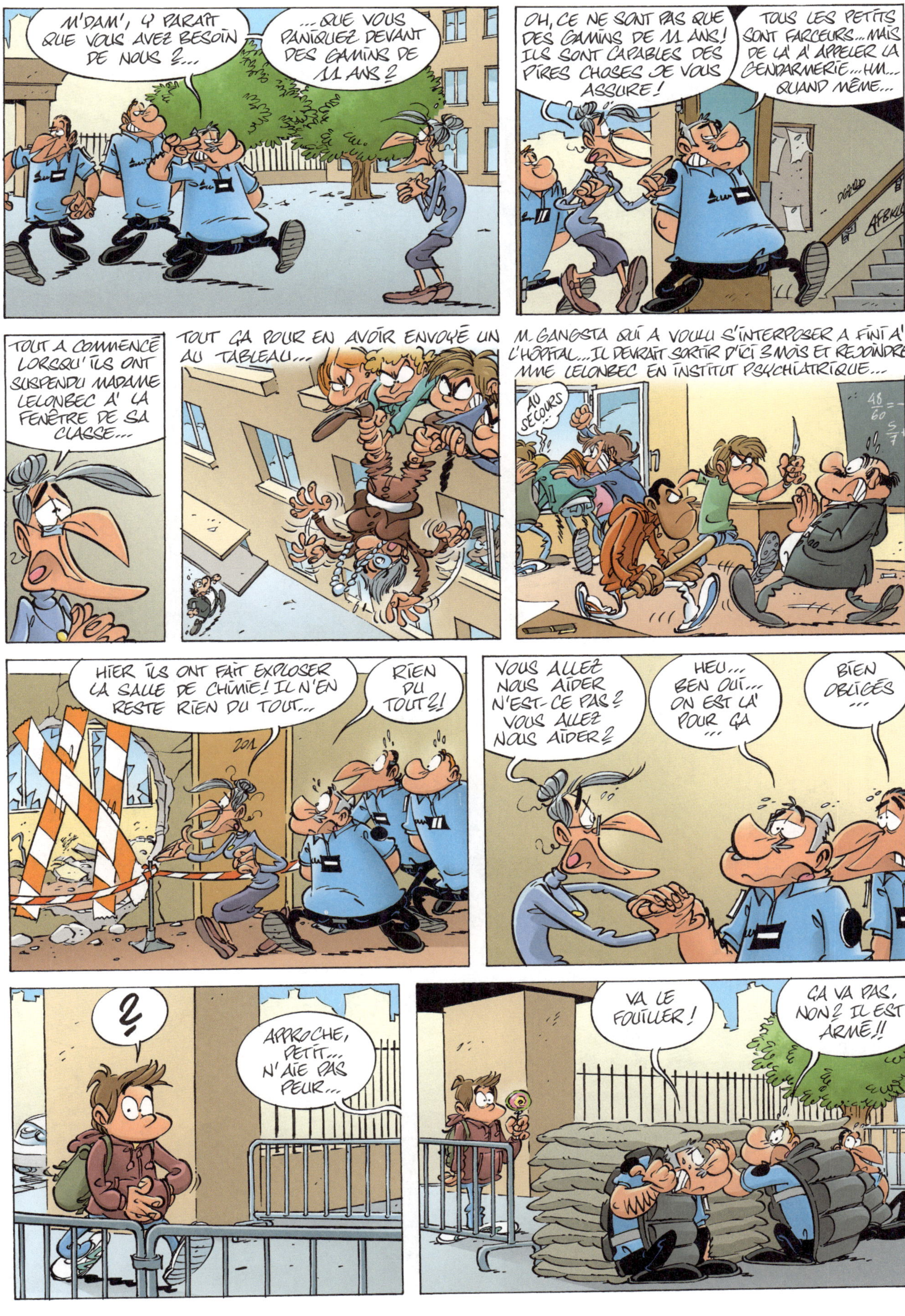

- Aime si déco

CHEF, JE VIENS DE RECEVOIR UN APPEL, RAPPORT A' DES DÉCORATIONS QU'ON VEUT VOUS REMETTRE...
RÉPÈTE ?!
ÇA Y EST ! ON VA ME DÉCORER POUR L'ENSEMBLE DE MA CARRIÈRE ! ENFIN !!
QU'EST-CE QUI SE PASSE ?
ON VA DÉCORER LE CHEF...
ILS ONT MIS LE TEMPS AVANT D'APPRÉCIER LA VALEUR DE MON TRAVAIL...
FRANCHEMENT, VOUS LE MÉRITEZ, CHEF !
ET VOUS DEVEZ MONTER A' PARIS POUR LES RECEVOIR ?
TIENS, C'EST VRAI, ÇA VA SE PASSER OÙ ?
ICI, CHEF ! ILS SONT DÉJA' EN ROUTE ET NE DEVRAIENT PLUS TARDER...
QUOI ? MAIS TU POUVAIS PAS LE DIRE AVANT ?! IL FAUT QUE J'ENFILE MA TENUE D'APPARAT !
JE M'OCCUPE DES CAHOUÈTES ET DU CHAMP' !
A' PEINE PLUS TARD...
LES VOILA' CHEF !
JMFE SFUIS PFRÉMFT...
ALORS, C'EST LEQUEL QUE VOUS PRÉFÉREZ POUR REDÉCORER VOT' BUREAU ?
LE MOTIF OLIVE OU LE MOTIF LAVANDE ?

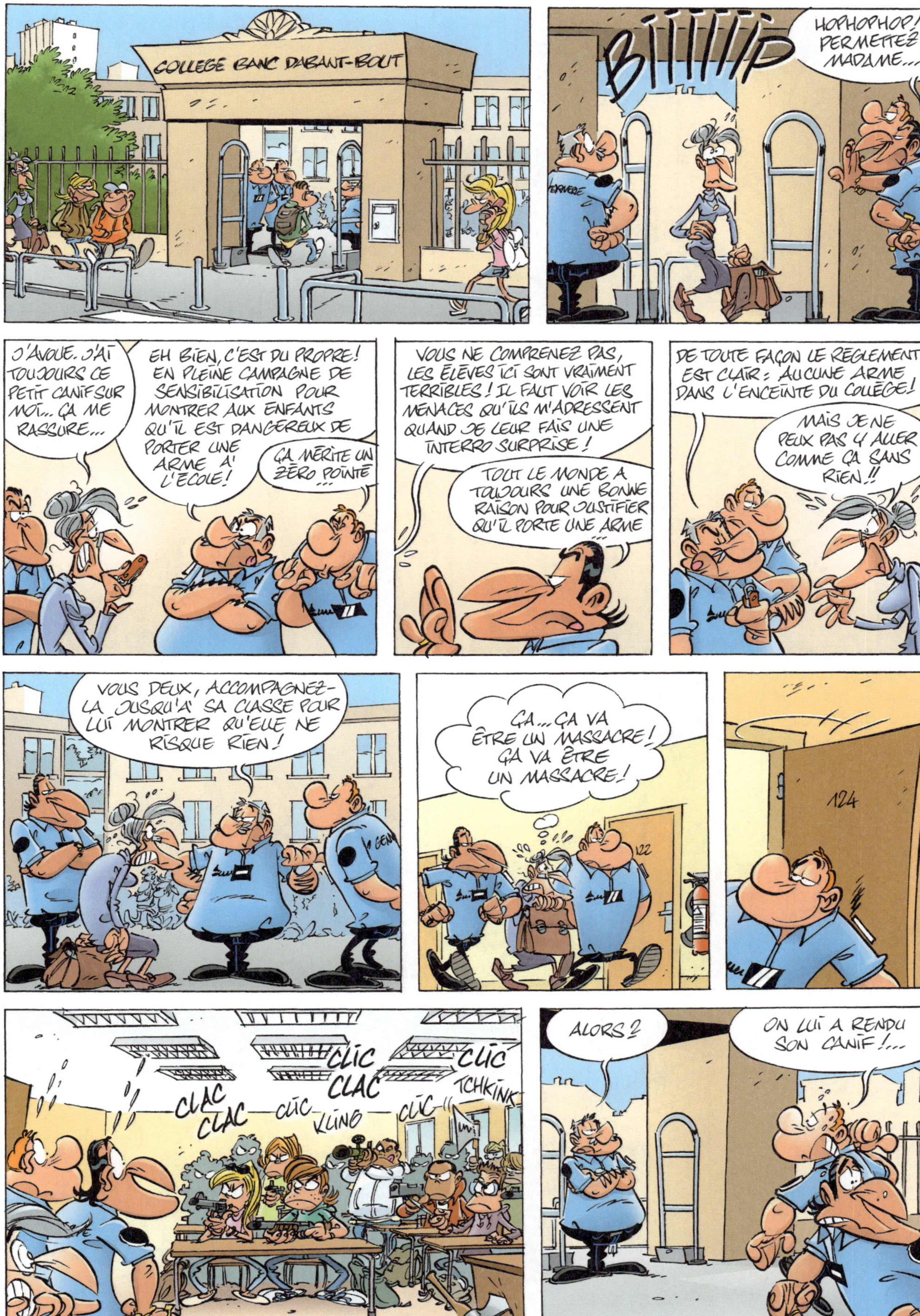
COLLEGE BANC DABANT-BOUT
BIIIIIIP
HOPHOPHOP! PERMETTEZ MADAME...
J'AVOUE. J'AI TOUJOURS CE PETIT CANIF SUR MOI... ÇA ME RASSURE...
EH BIEN, C'EST DU PROPRE! EN PLEINE CAMPAGNE DE SENSIBILISATION POUR MONTRER AUX ENFANTS QU'IL EST DANGEREUX DE PORTER UNE ARME À L'ÉCOLE!
ÇA MÉRITE UN ZÉRO POINTÉ...
VOUS NE COMPRENEZ PAS, LES ÉLÈVES ICI SONT VRAIMENT TERRIBLES! IL FAUT VOIR LES MENACES QU'ILS M'ADRESSENT QUAND JE LEUR FAIS UNE INTERRO SURPRISE!
TOUT LE MONDE A TOUJOURS UNE BONNE RAISON POUR JUSTIFIER QU'IL PORTE UNE ARME
DE TOUTE FAÇON LE RÈGLEMENT EST CLAIR : AUCUNE ARME DANS L'ENCEINTE DU COLLÈGE!
MAIS JE NE PEUX PAS Y ALLER COMME ÇA SANS RIEN!!
VOUS DEUX, ACCOMPAGNEZ-LA JUSQU'À SA CLASSE POUR LUI MONTRER QU'ELLE NE RISQUE RIEN!
ÇA... ÇA VA ÊTRE UN MASSACRE! ÇA VA ÊTRE UN MASSACRE!
124
CLIC
CLIC
CLAC
TCHKINK
CLAC
CLAC
CLIC
KLING
CLIC
ALORS ?
ON LUI A RENDU SON CANIF!...

LUNDI
BÎIIIIP
C'EST POUR QUOI ÇA ? POUR TON COURS DE TERRORISME ?
MARDI
DIS DONC, T'ES UN PEU LONG À LA DÉTENTE, TOI, PAS VRAI ?
PFFFFR... LA DÉTENTE...
JEUDI
ÇA COMMENCE À BIEN FAIRE TES PLAISANTERIES À 2 BALLES !
DEUX BALLES... HIHI...
VENDREDI
?
!
C'EST BIEN, MON PETIT ! TU AS FINI PAR COMPRENDRE LE MESSAGE ! LES SEULES ARMES UTILES À L'ÉCOLE SONT : TON CERVEAU ET TA SOIF D'APPRENDRE !
VOUS VOYEZ QU'UN PEU DE PSYCHOLOGIE PEUT FAIRE SON EFFET !

La Croatie aujourd'hui
La Croatie aujourd'hui
Président : Petar Sukovic
DOUÊT
JE VIENS RÉCUPÉRER MON GARS ! J'AI VU QUE TOUS LES ÉLÈVES ÉTAIENT SORTIS...
124
IL NE BOUGERA PAS D'ICI TANT QU'IL N'AURA PAS FINI SA PUNITION ! ET DEMAIN VOUS M'EN METTREZ UN AUTRE POUR ASSURER LA SURVEILLANCE DE MA CLASSE !

- Oun dos stress

RETROUVEZ
LES GENDARMES
DANS
BAMBOO MAG
Le magazine **gratuit**
100% humour !

disponible chez votre libraire et sur
www.bamboomag.com

Vous aimerez aussi…

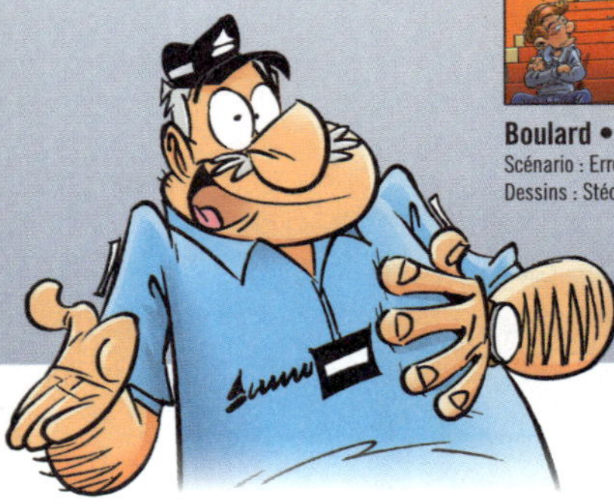

Boulard • 6 tomes
Scénario : Erroc
Dessins : Stédo

Les Profs • 21 tomes
Scénario : Erroc & Sti
Dessins : Léturgie

Les Pompiers • 18 tomes
Scénario : Cazenove
Dessins : Stédo
À PARAÎTRE

Les Footmaniacs • 16 tomes
Scénario : Cazenove
Dessins : Saive

Les Rugbymen • 16 tomes
Scénario : BeKa
Dessins : Poupard

À découvrir au rayon BD

Les Petits Mythos • 9 tomes
Scénario : Cazenove
Dessins : Larbier

Les Fondus de moto • 10 tomes
Scénario : Richez & Cazenove
Dessins : Bloz

Autour d'Odile • 1 tome
Scénario : Madaule
Dessins : Madaule

Papy Boomers • 1 tome
Scénario : Goulesque
Dessins : Widenlocher

Mes premières fois • 2 tomes
Scénario : Sti
Dessins : Juan

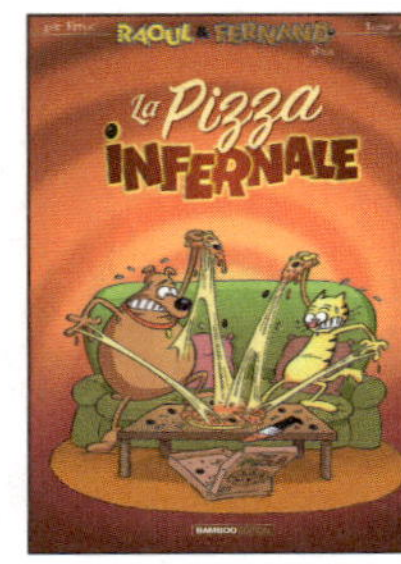

Raoul & Fernand • 4 tomes
Scénario : Erroc
Dessins : Erroc

Les Animaux marins en BD • 4 tomes
Scénario : Cazenove
Dessins : Jytéry

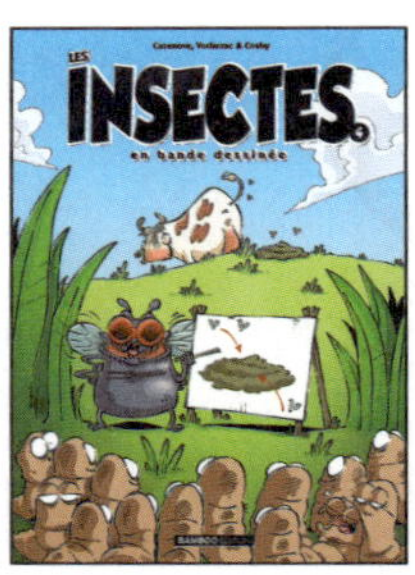

Les Insectes en BD • 4 tomes
Scénario : Cazenove & Vodarzac
Dessins : Cosby

Les Dinosaures en BD • 4 tomes
Scénario : Plumeri
Dessins : Bloz

Pilo • 2 tomes
Scénario : Mariolle
Dessins : Mariolle

Tizombi • 2 tomes
Scénario : Cazenove
Dessins : William

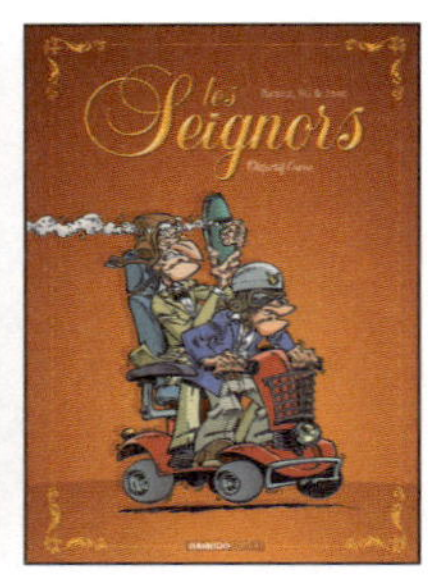

Les Seignors • 2 tomes
Scénario : Sti & Richez
Dessins : Juan
TOME 2 FEV. 19

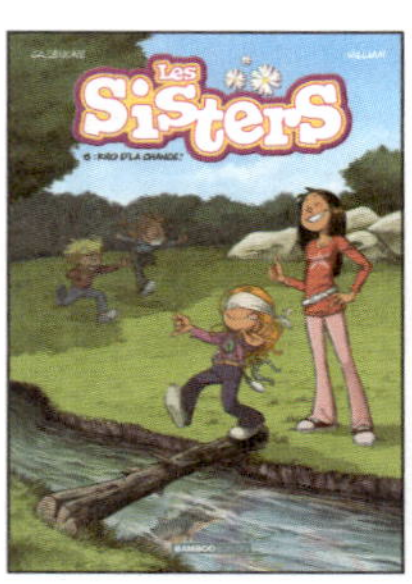

Les Sisters • 13 tomes
Scénario : Cazenove & William
Dessins : William

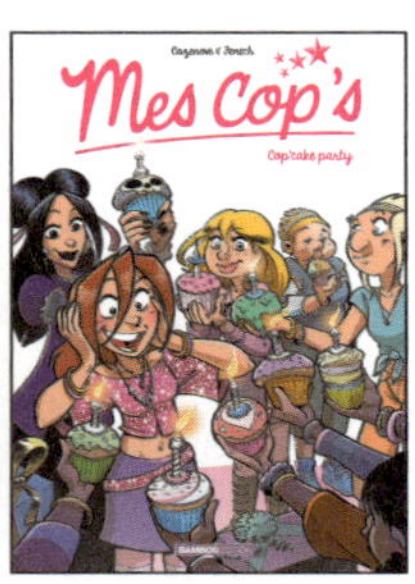

Mes Cop's • 10 tomes
Scénario : Cazenove
Dessins : Fenech

Studio Danse • 10 tomes
Scénario : BeKa
Dessins : Crip

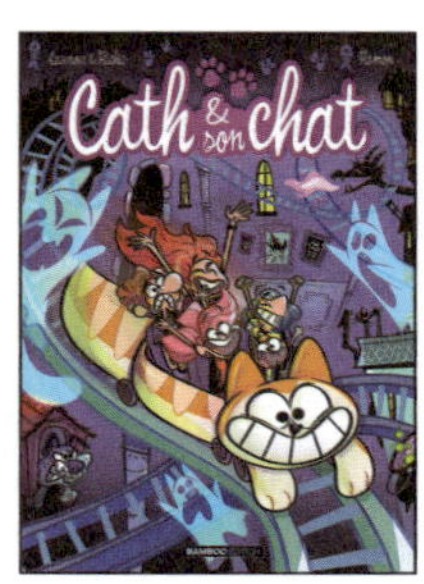

Cath et son chat • 8 tomes
Scénario : Cazenove & Richez
Dessins : Ramon

Triple Galop • 14 tomes
Scénario : Cazenove & Du Peloux
Dessins : Du Peloux

Boule à zéro • 7 tomes
Scénario : Zidrou
Dessins : Ernst

Retrouvez les actualités, infos et extraits de nos séries sur www.bamboo.fr